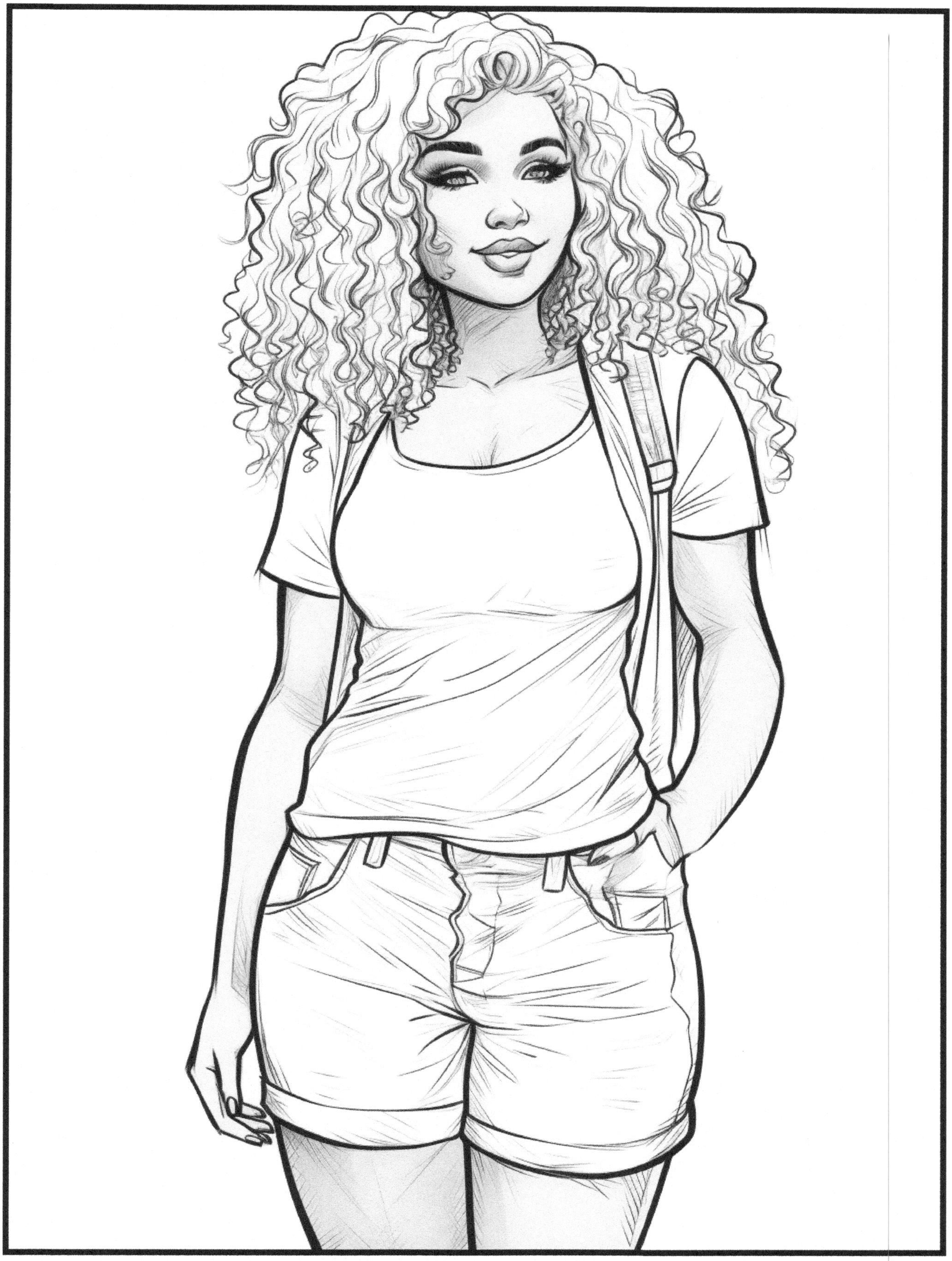

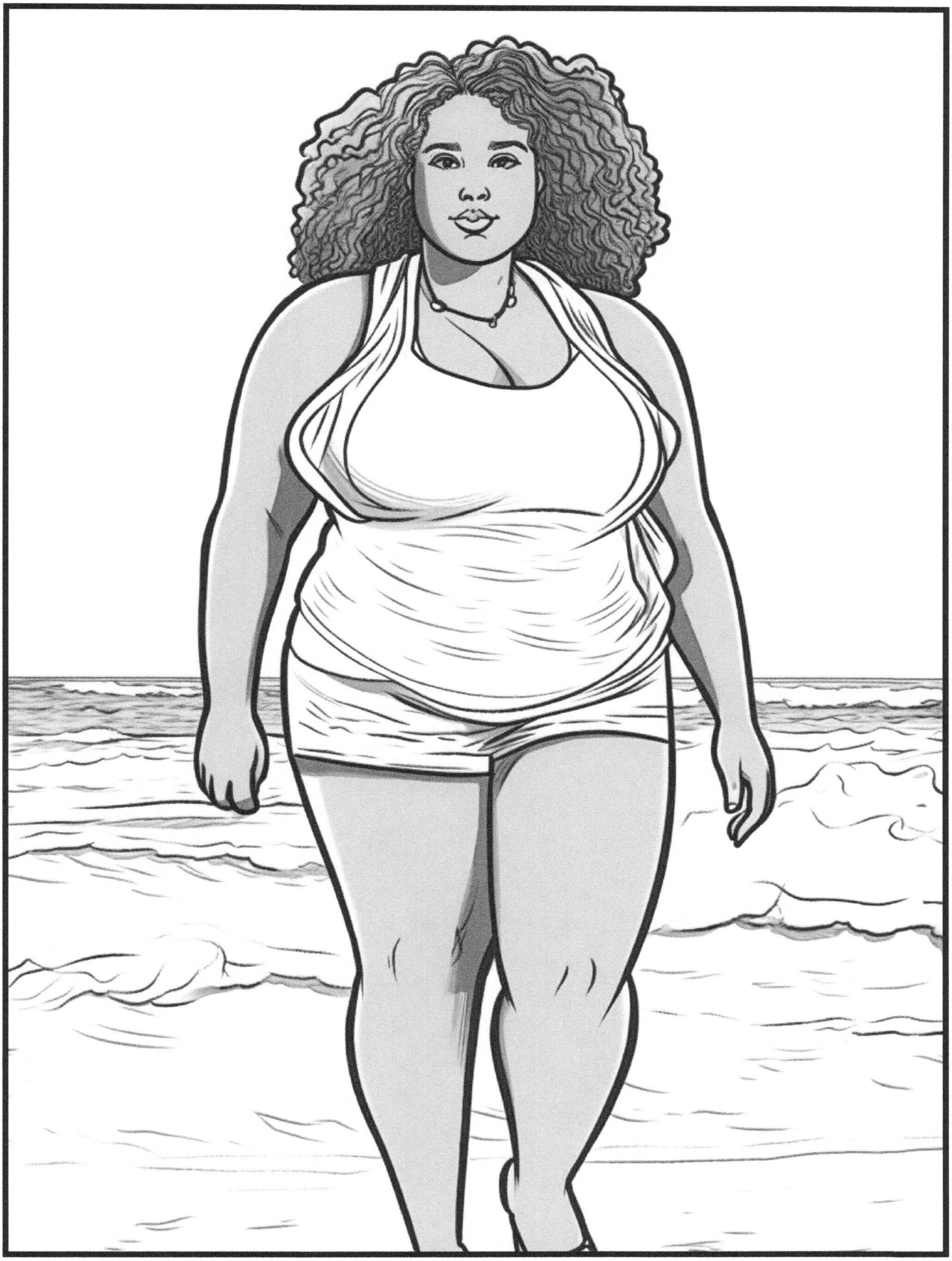

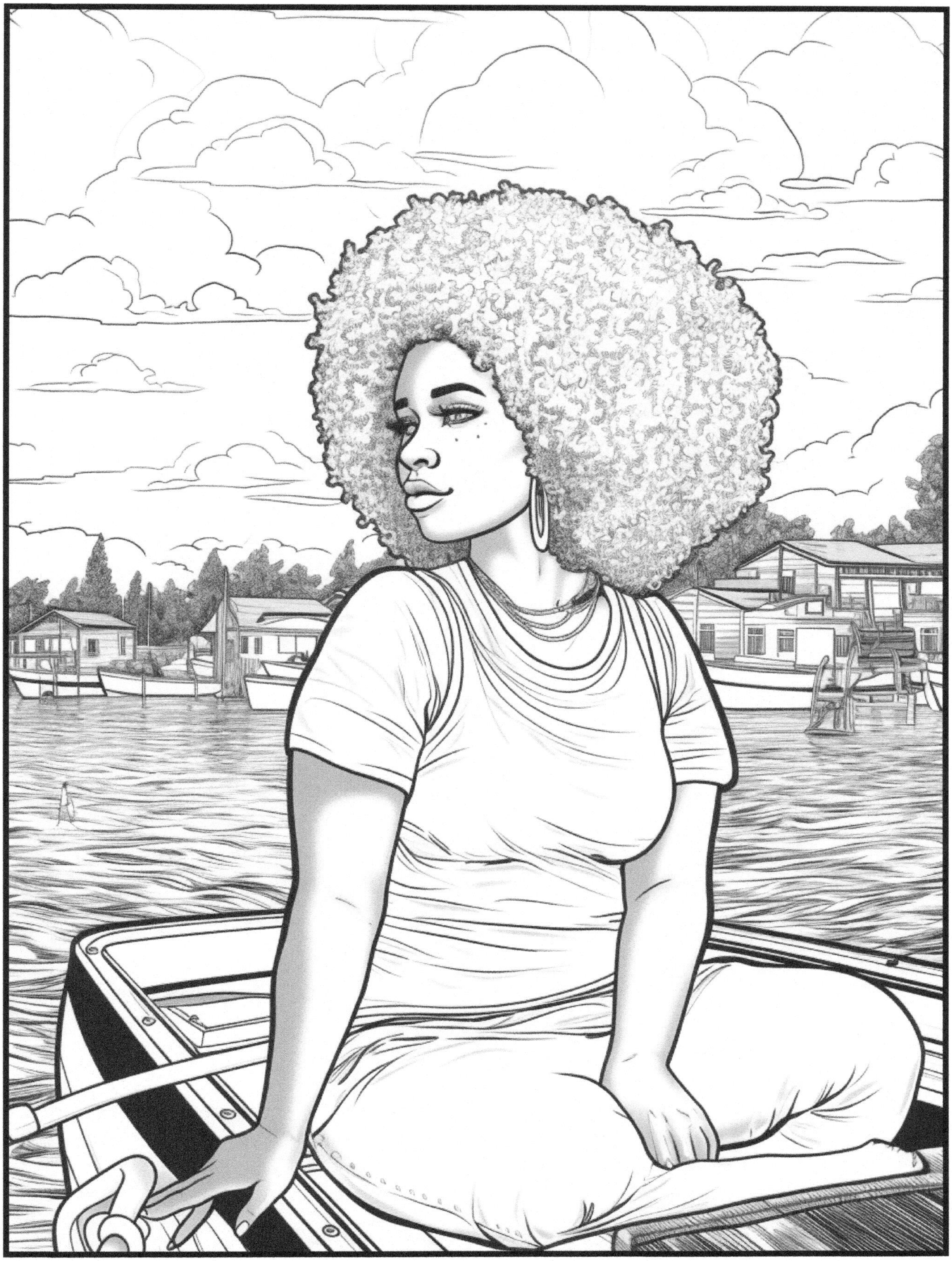

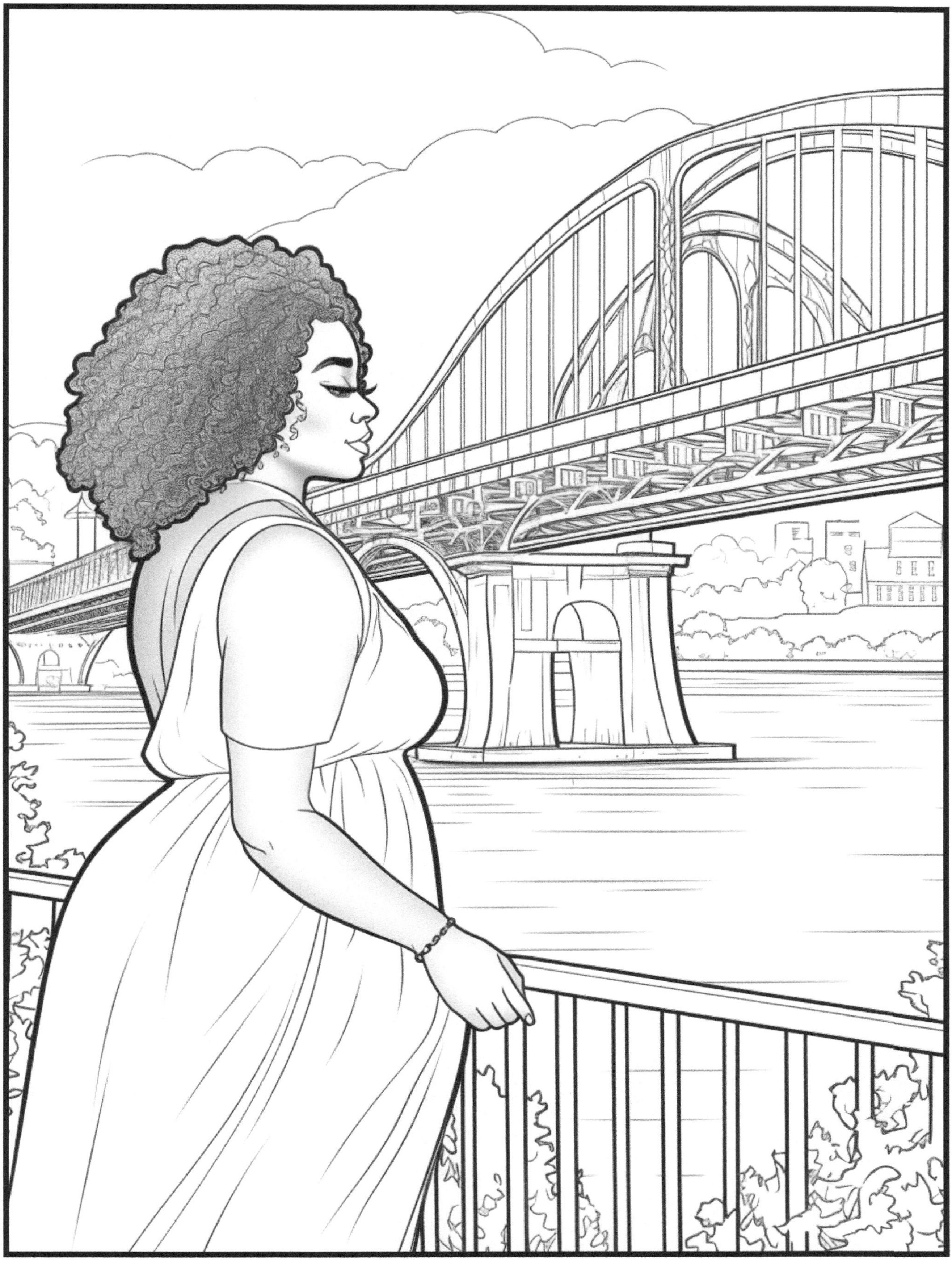

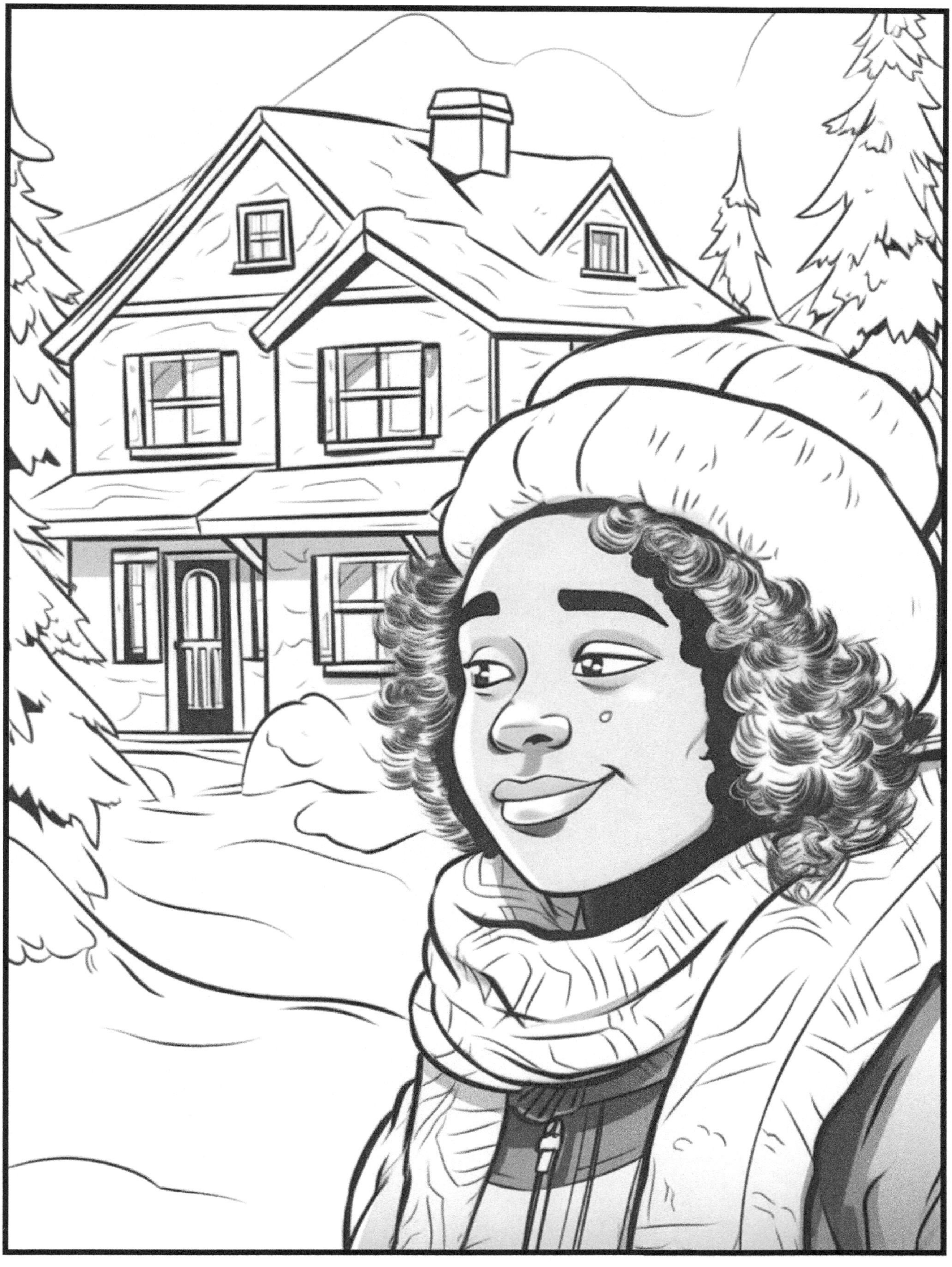

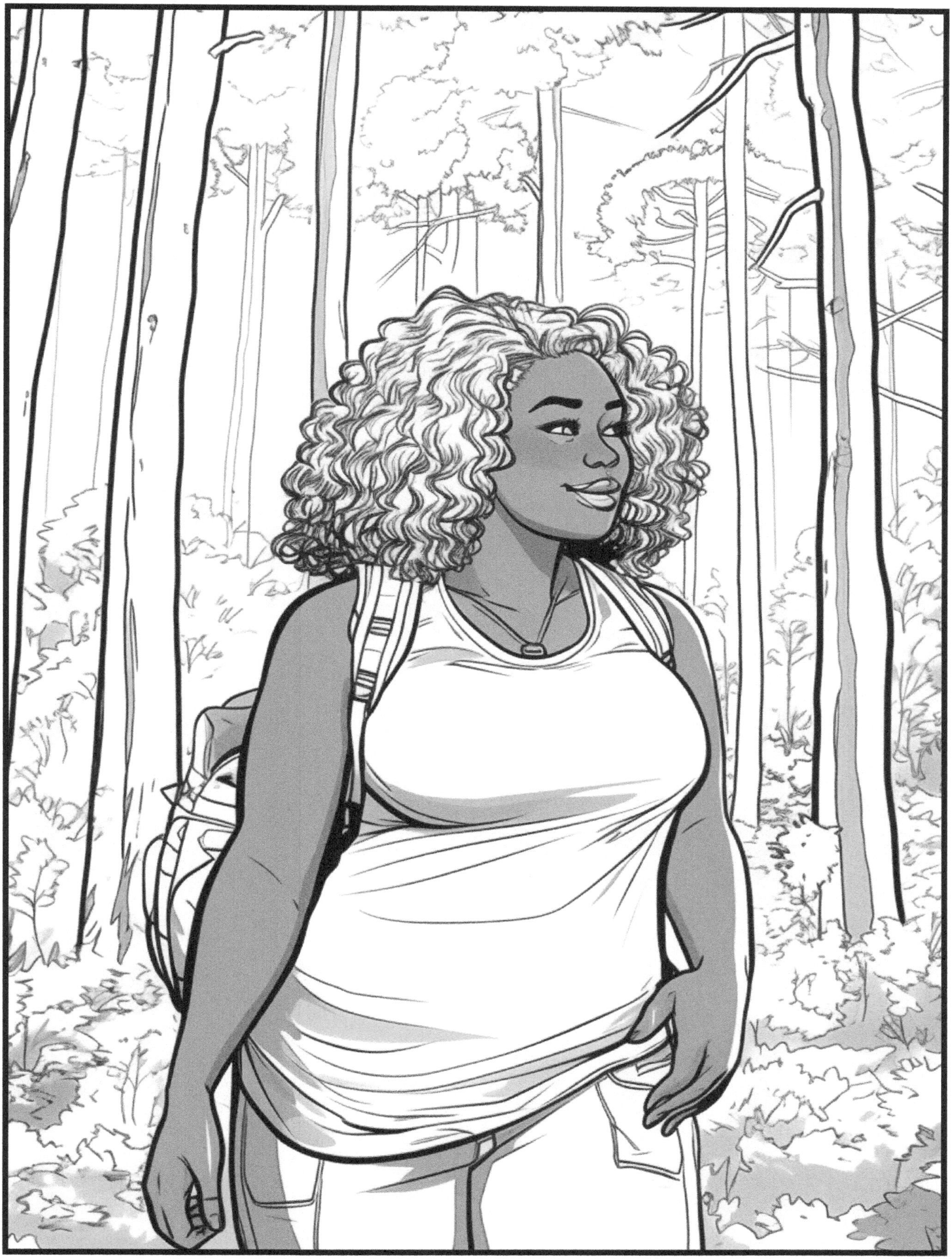

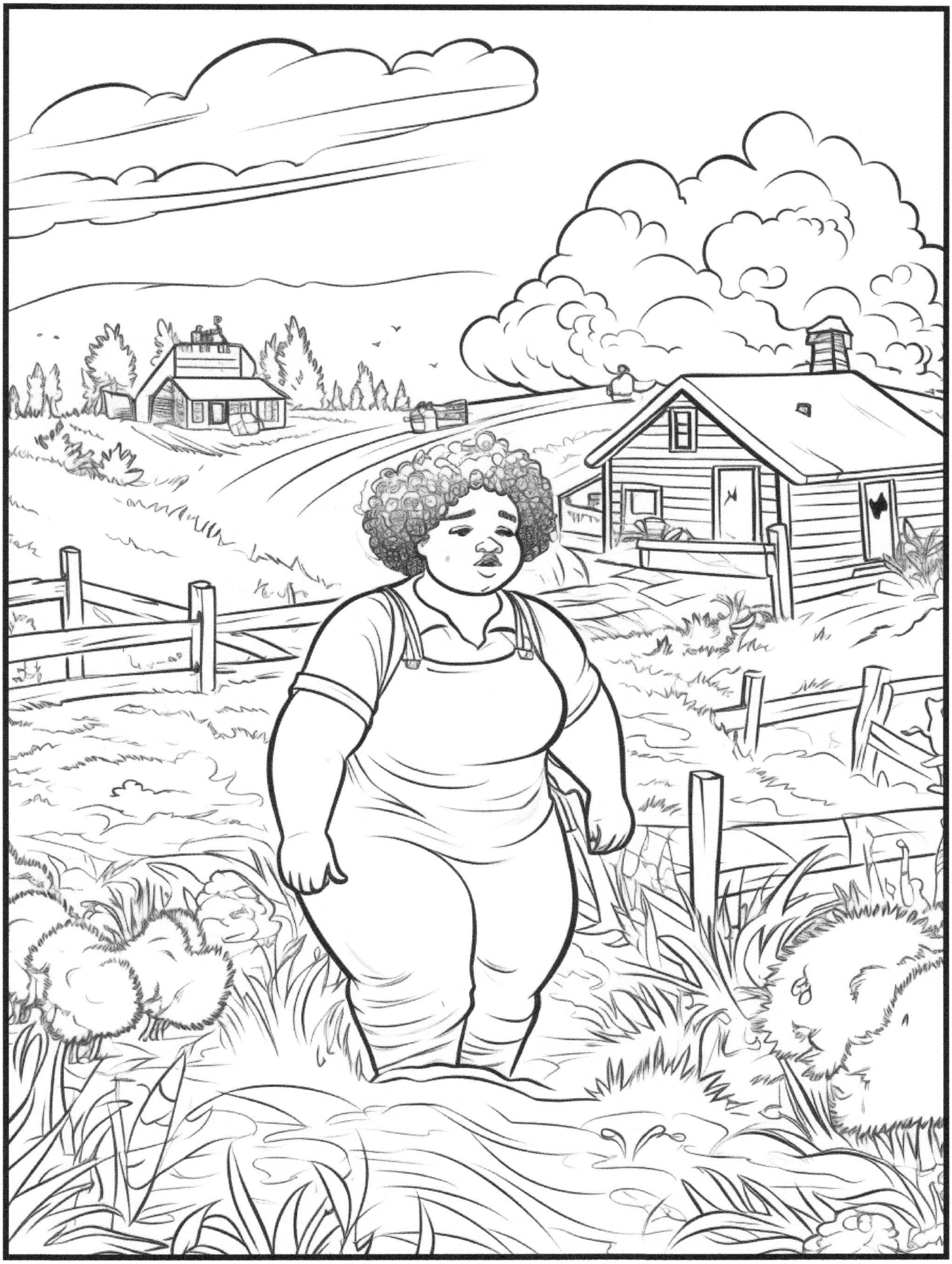

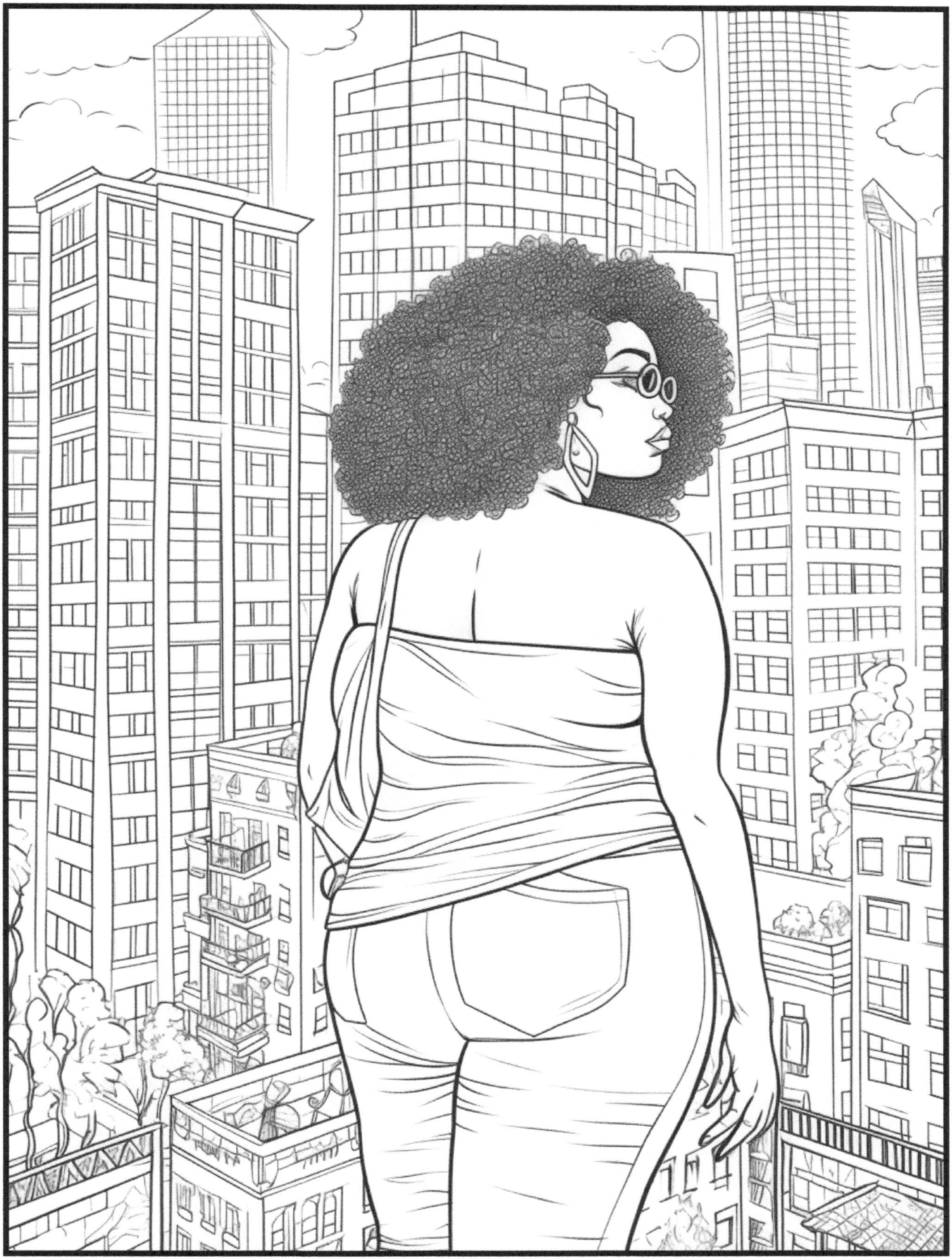

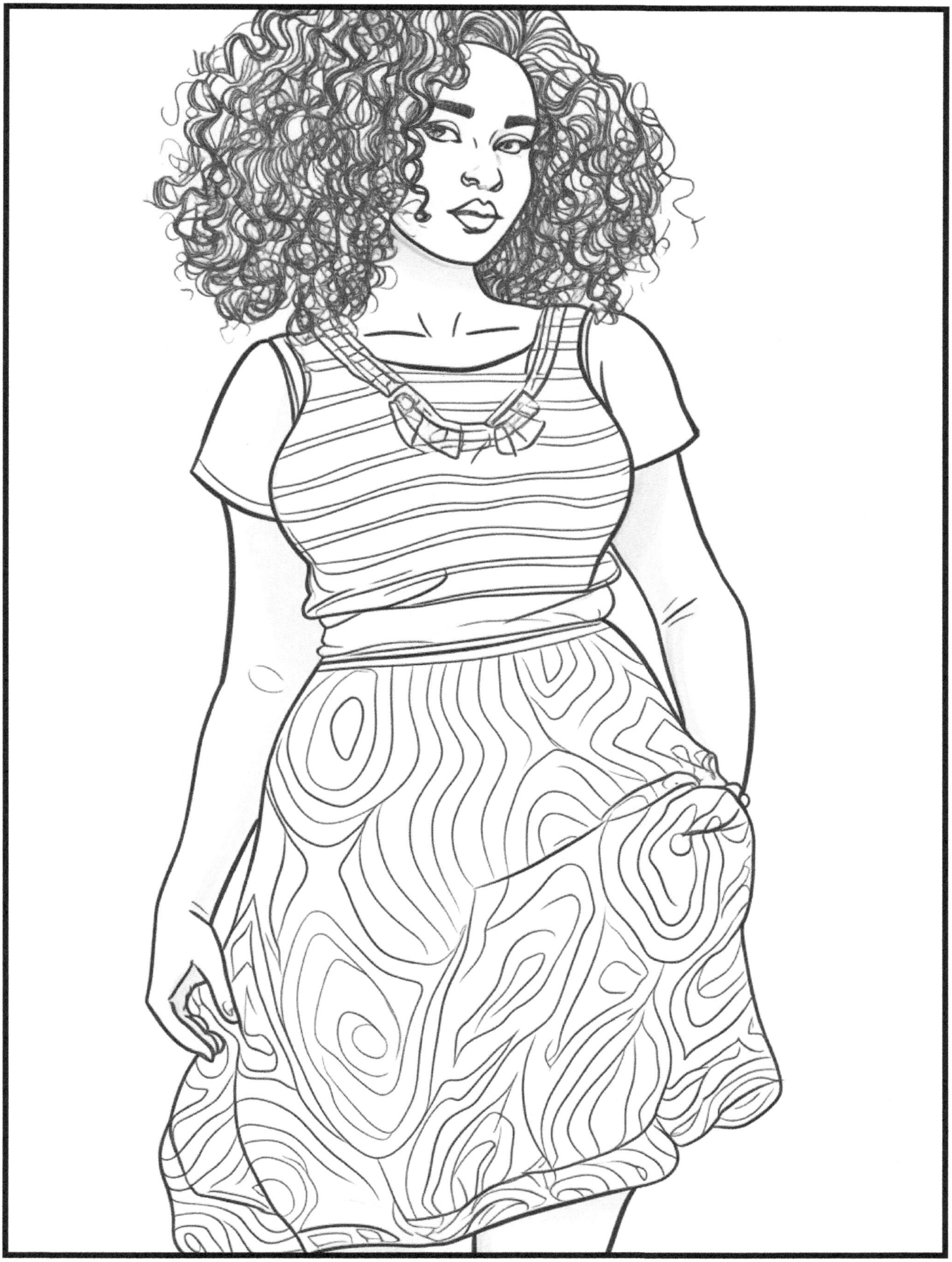

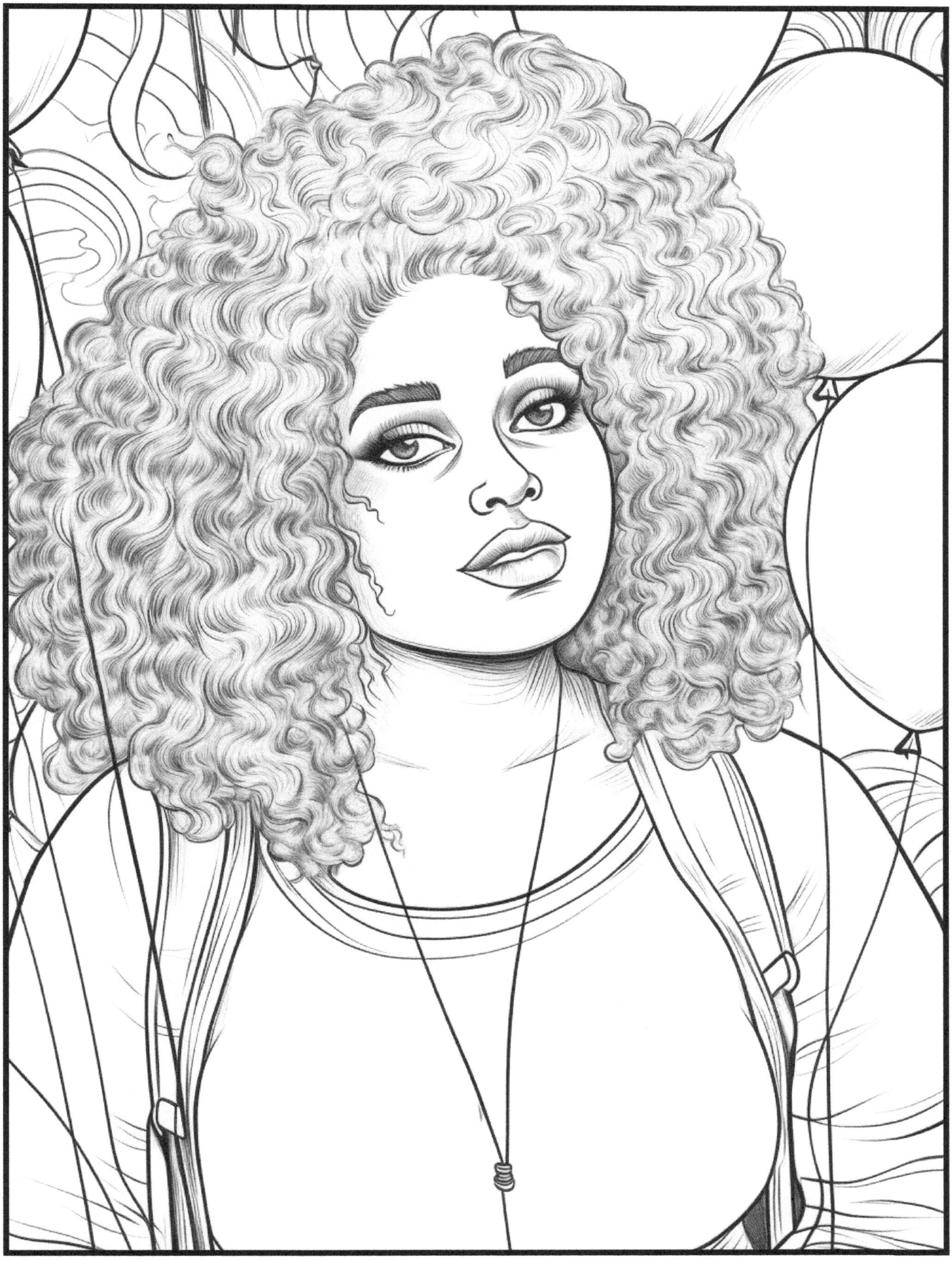

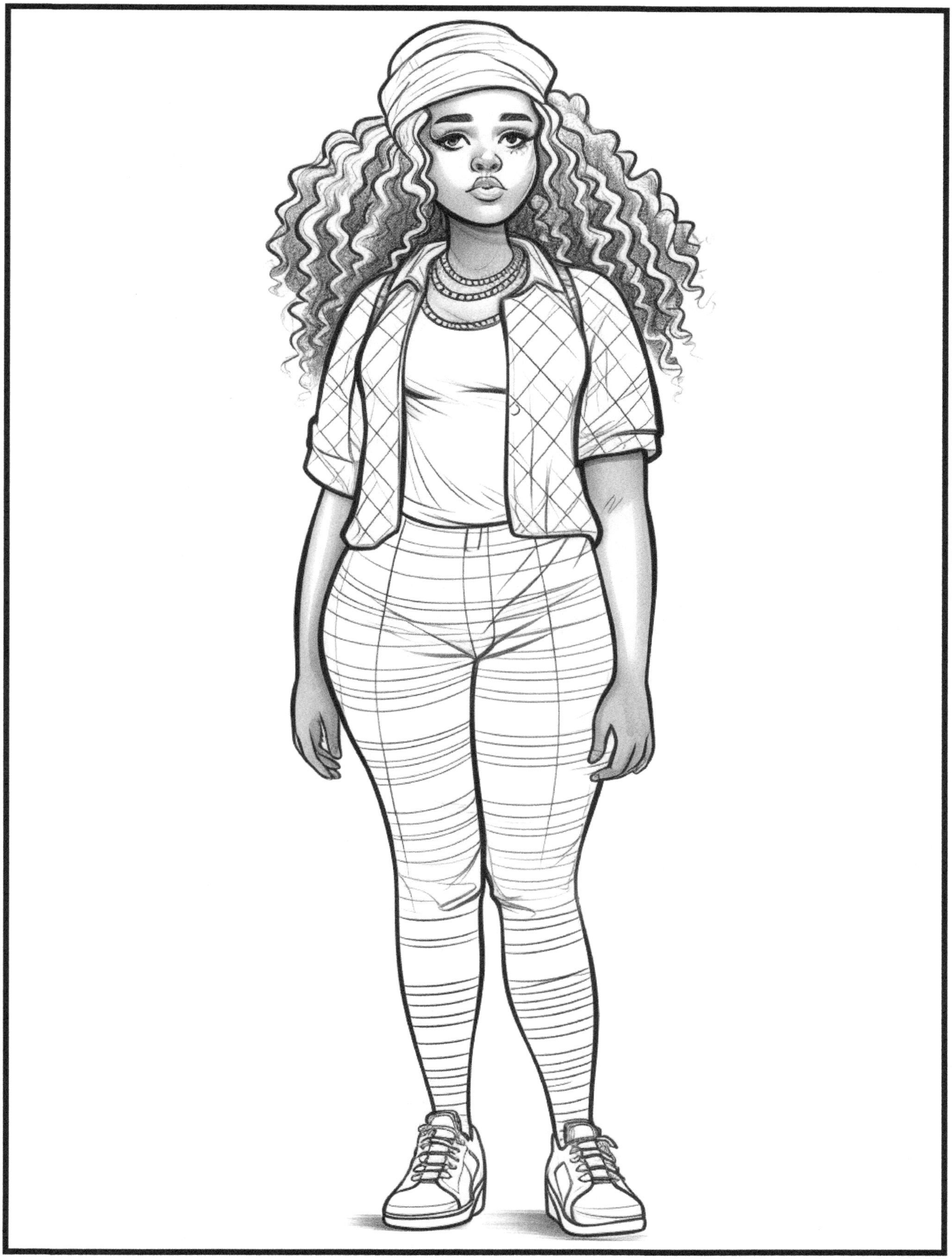

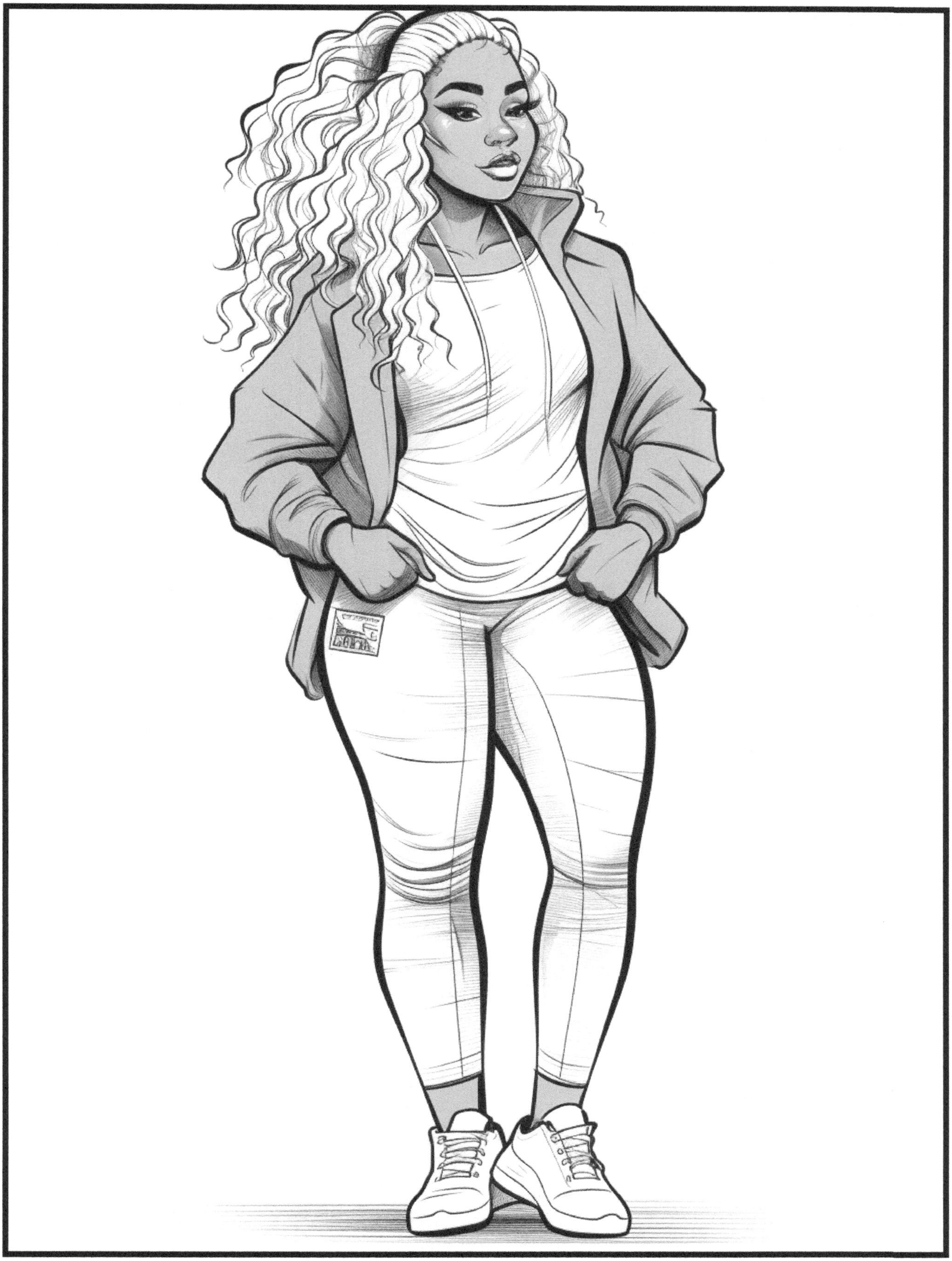

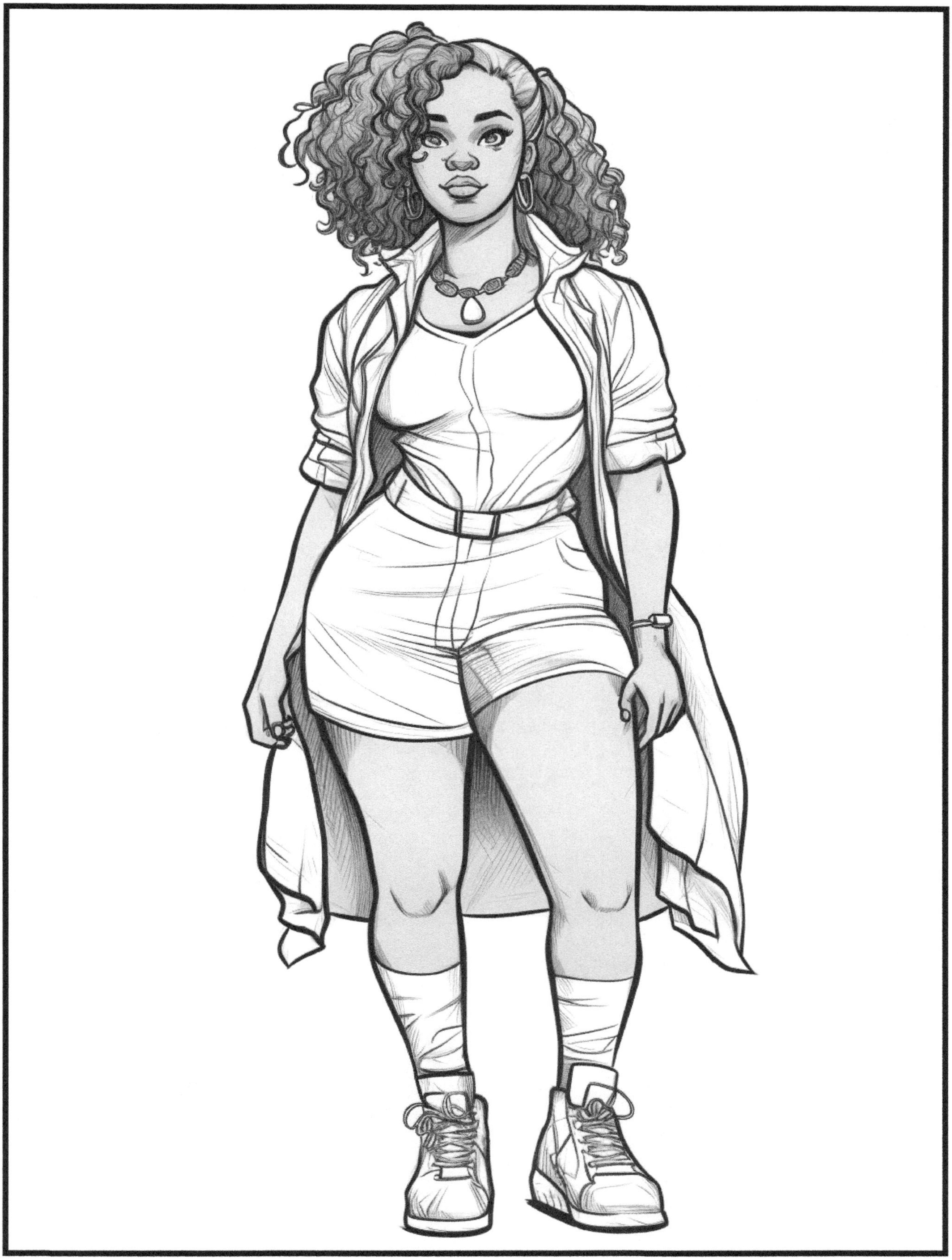

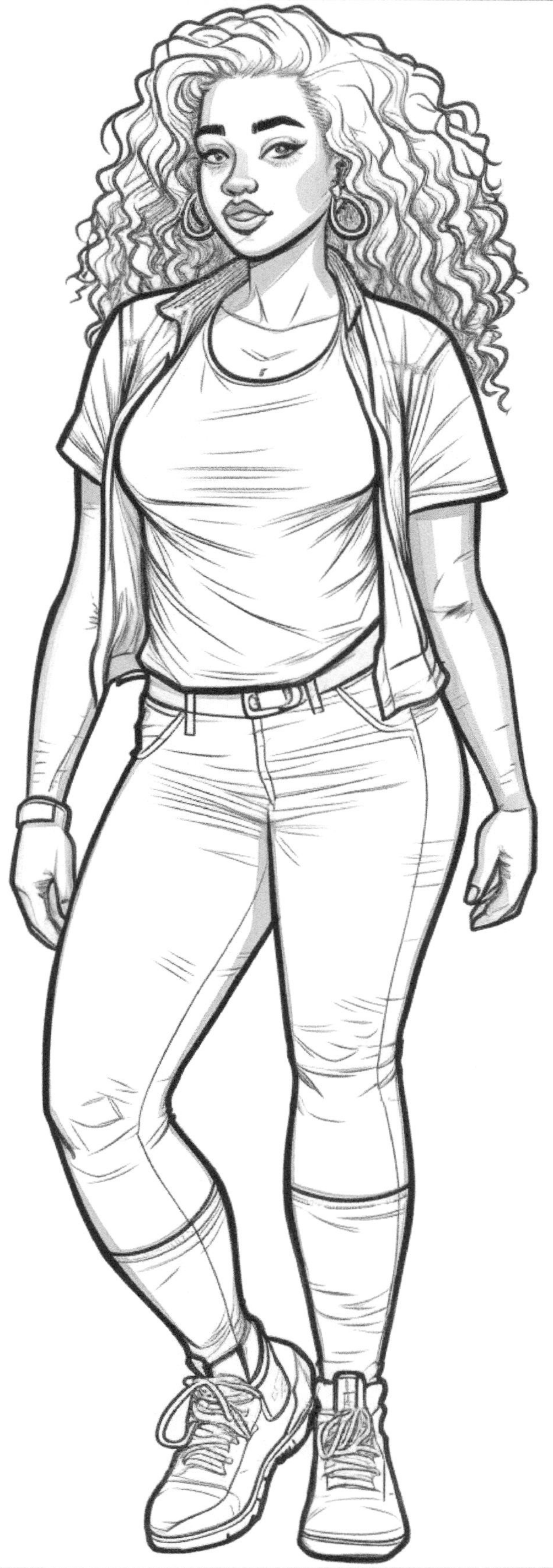

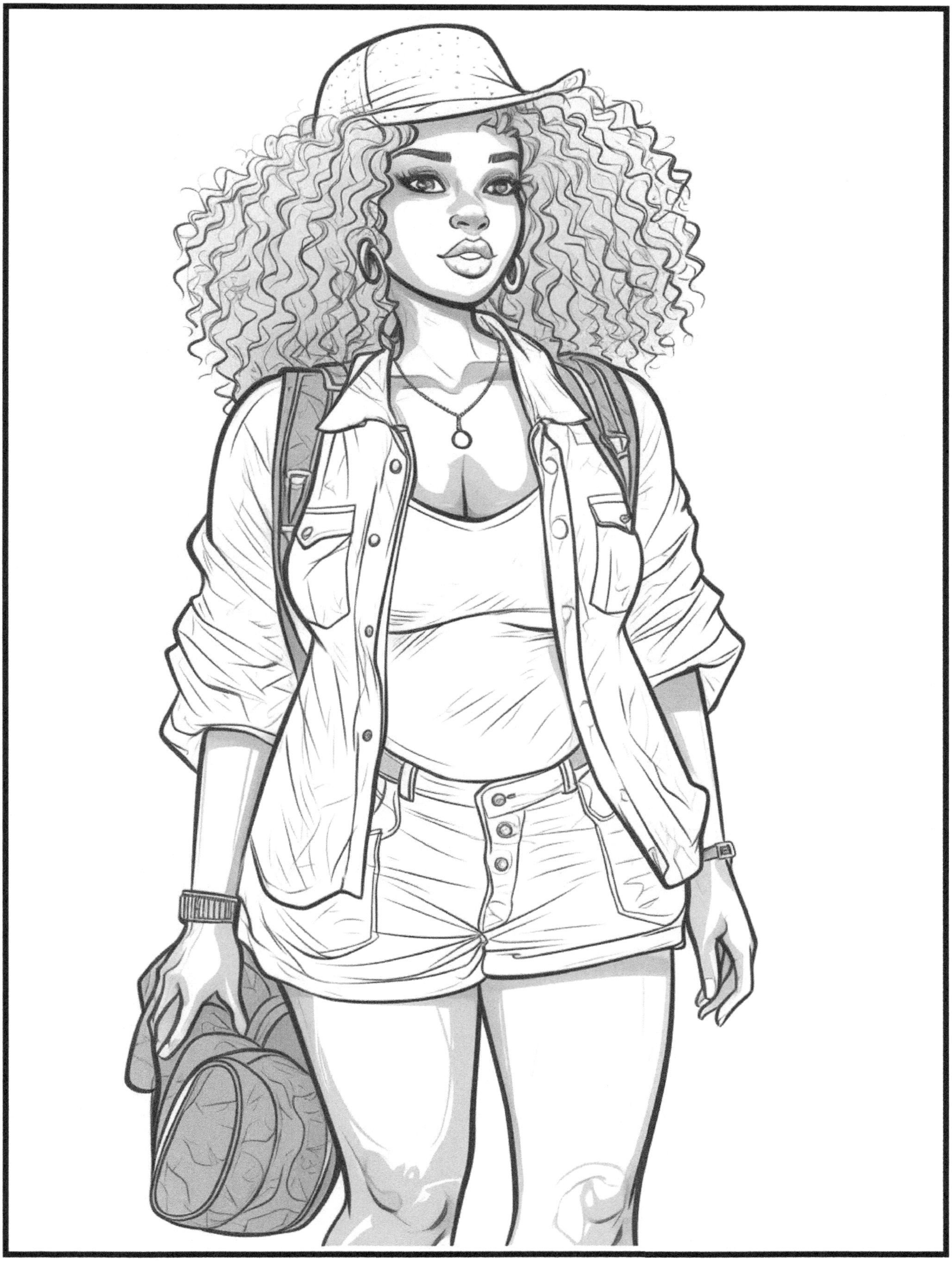

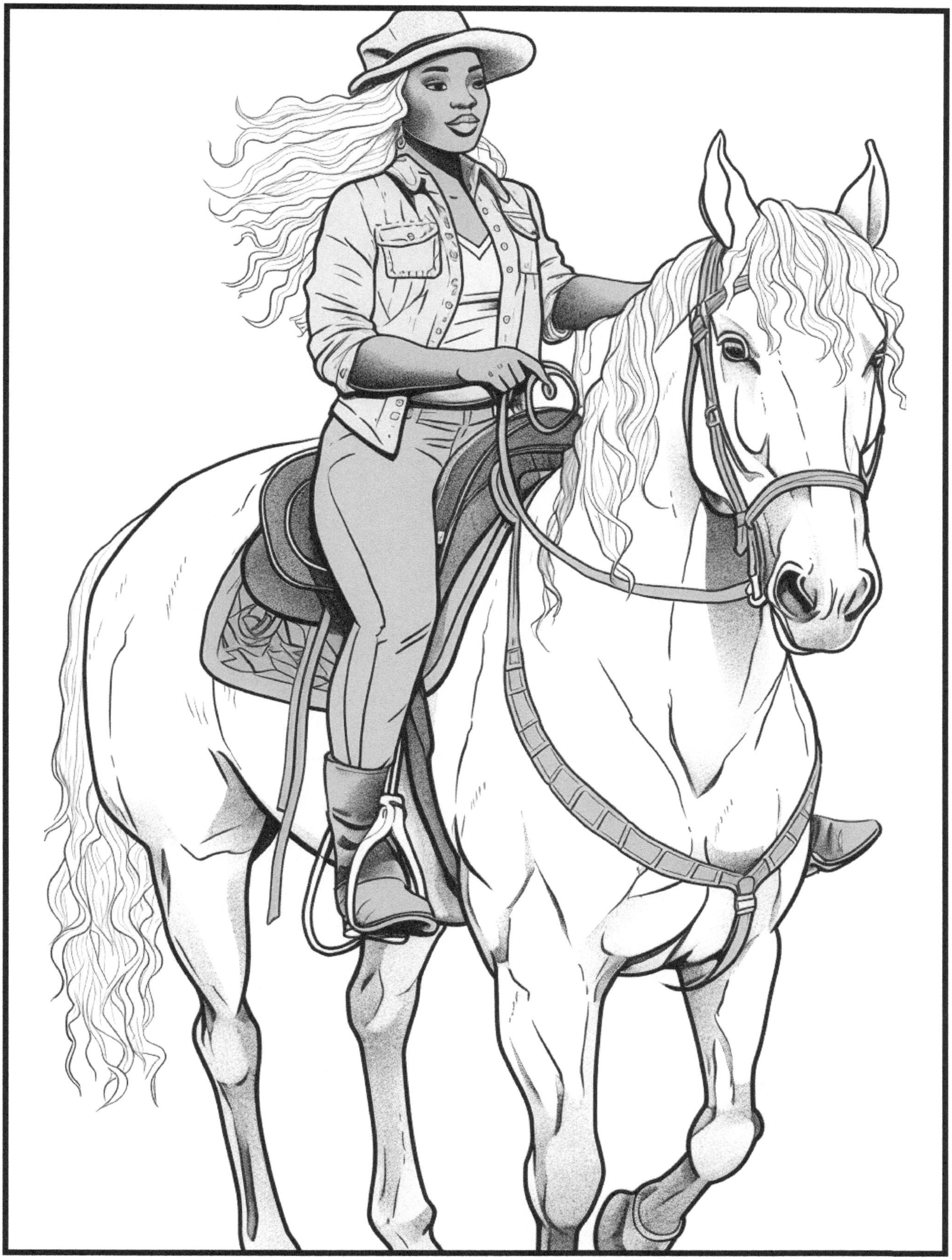

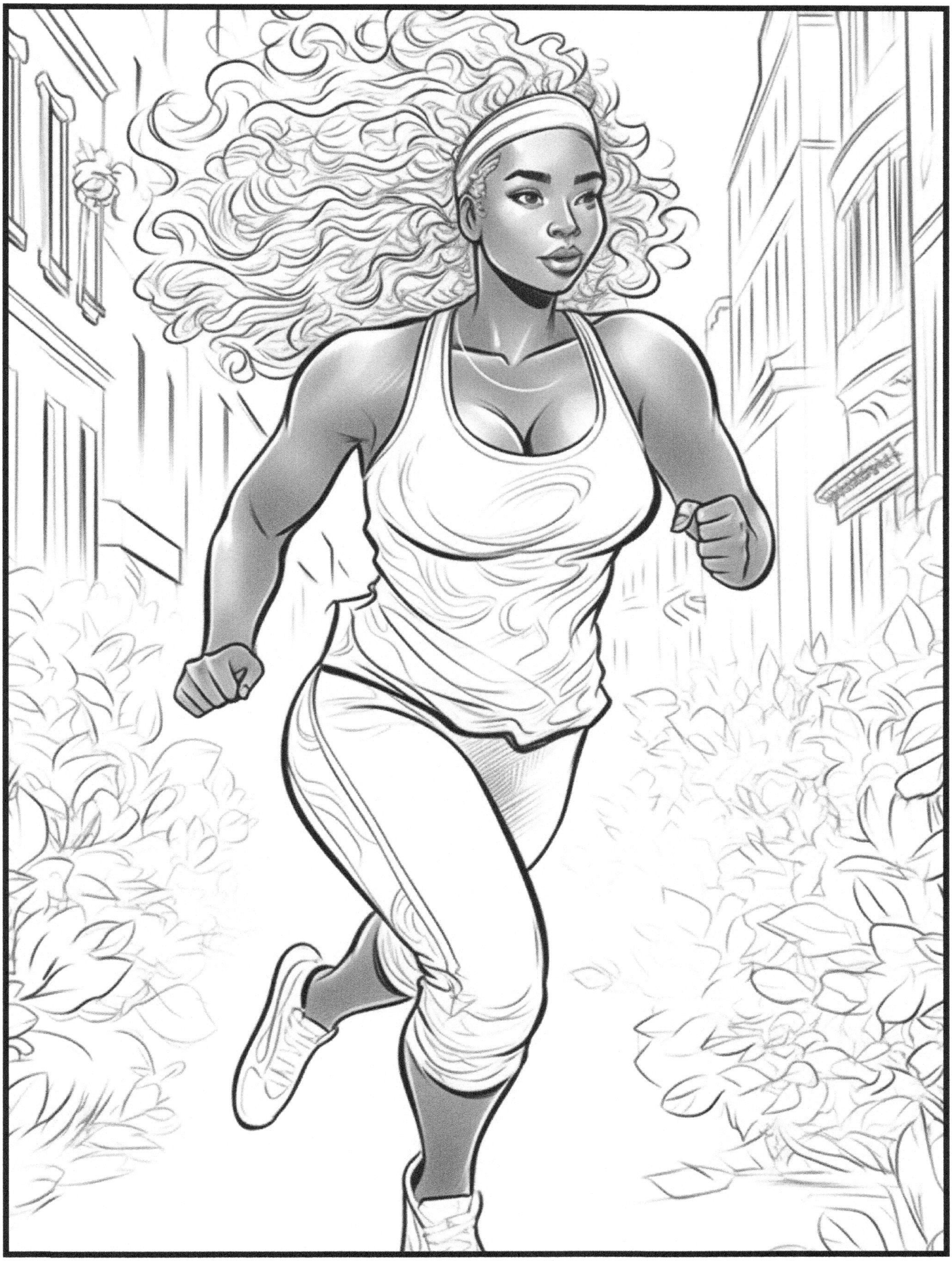

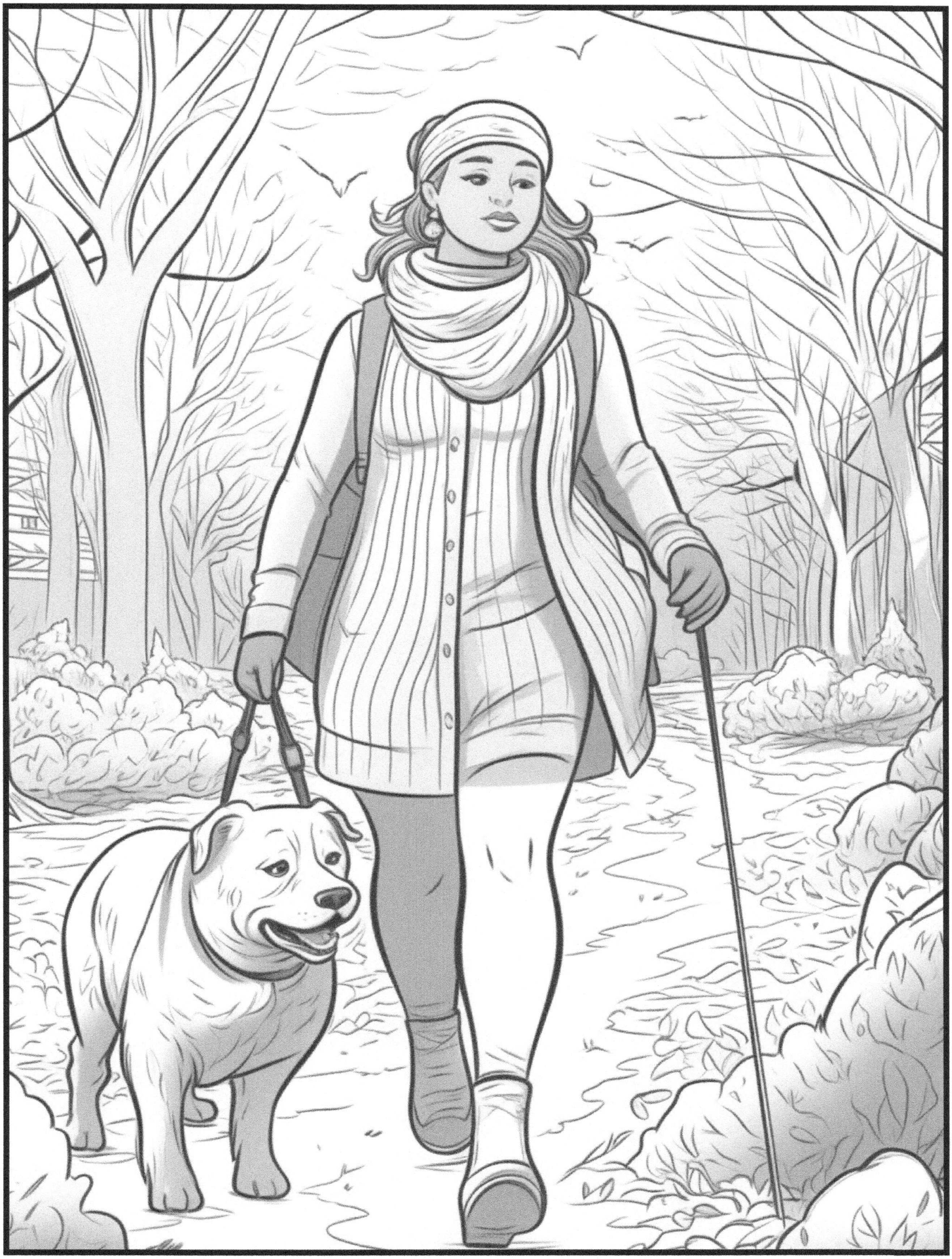

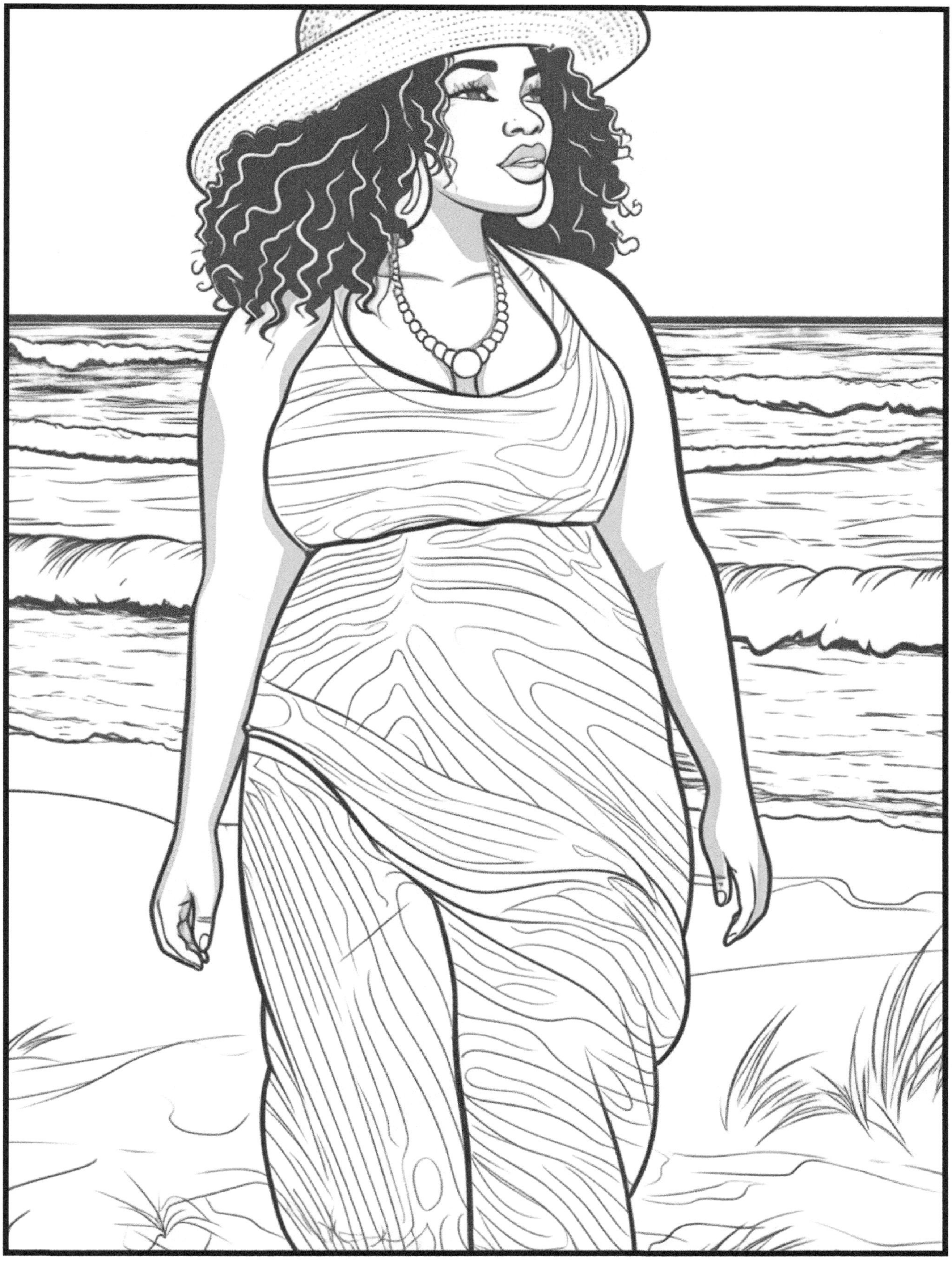

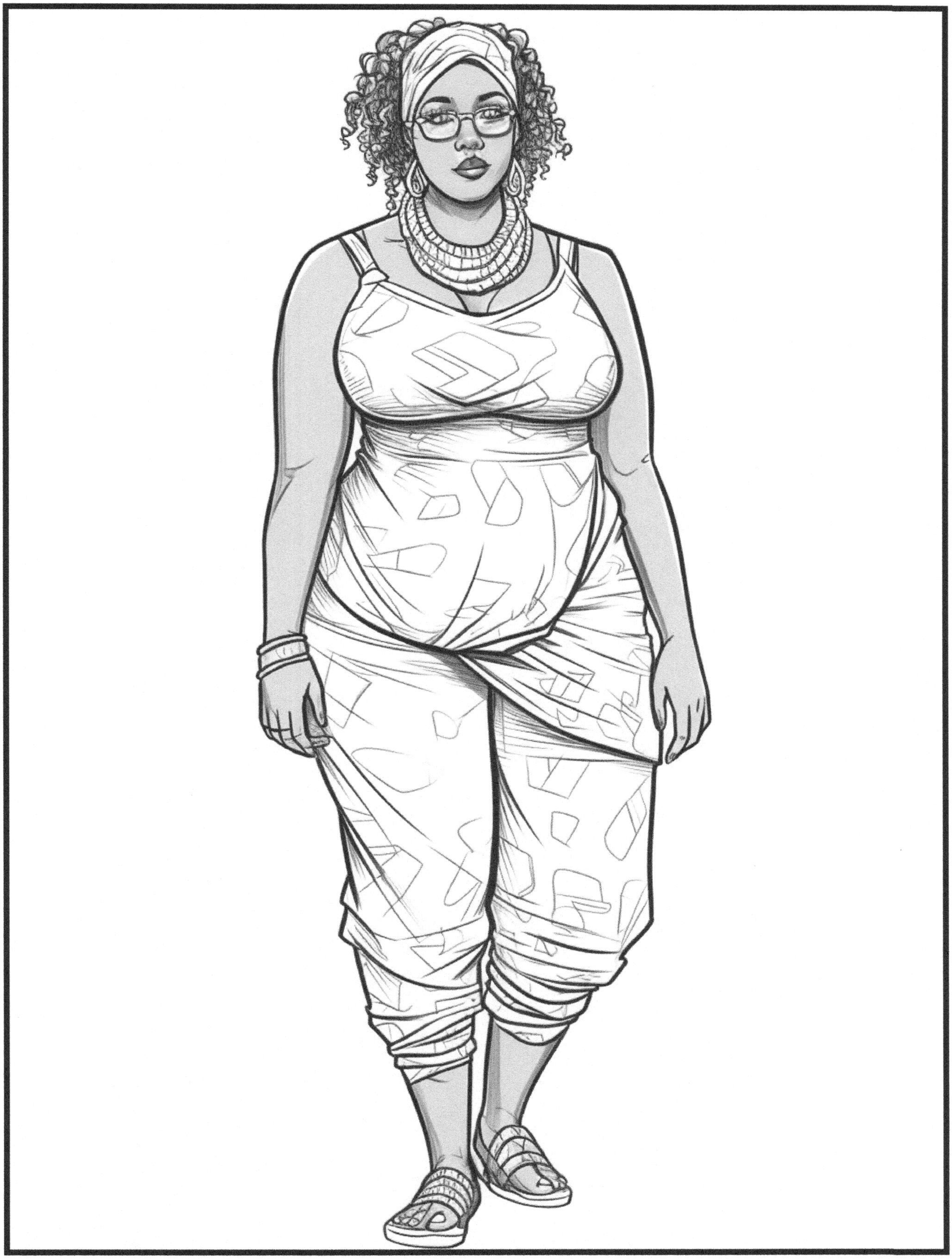

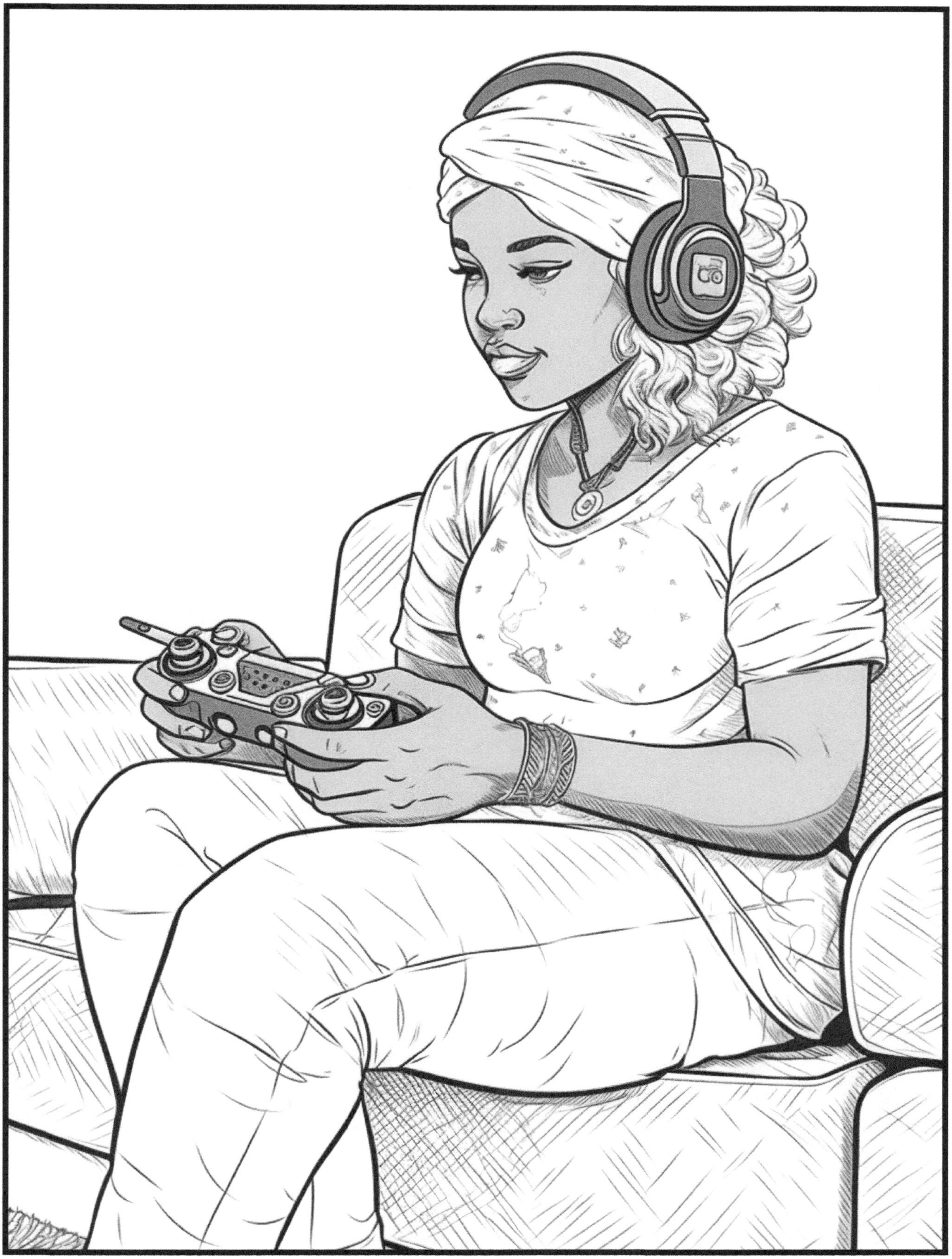

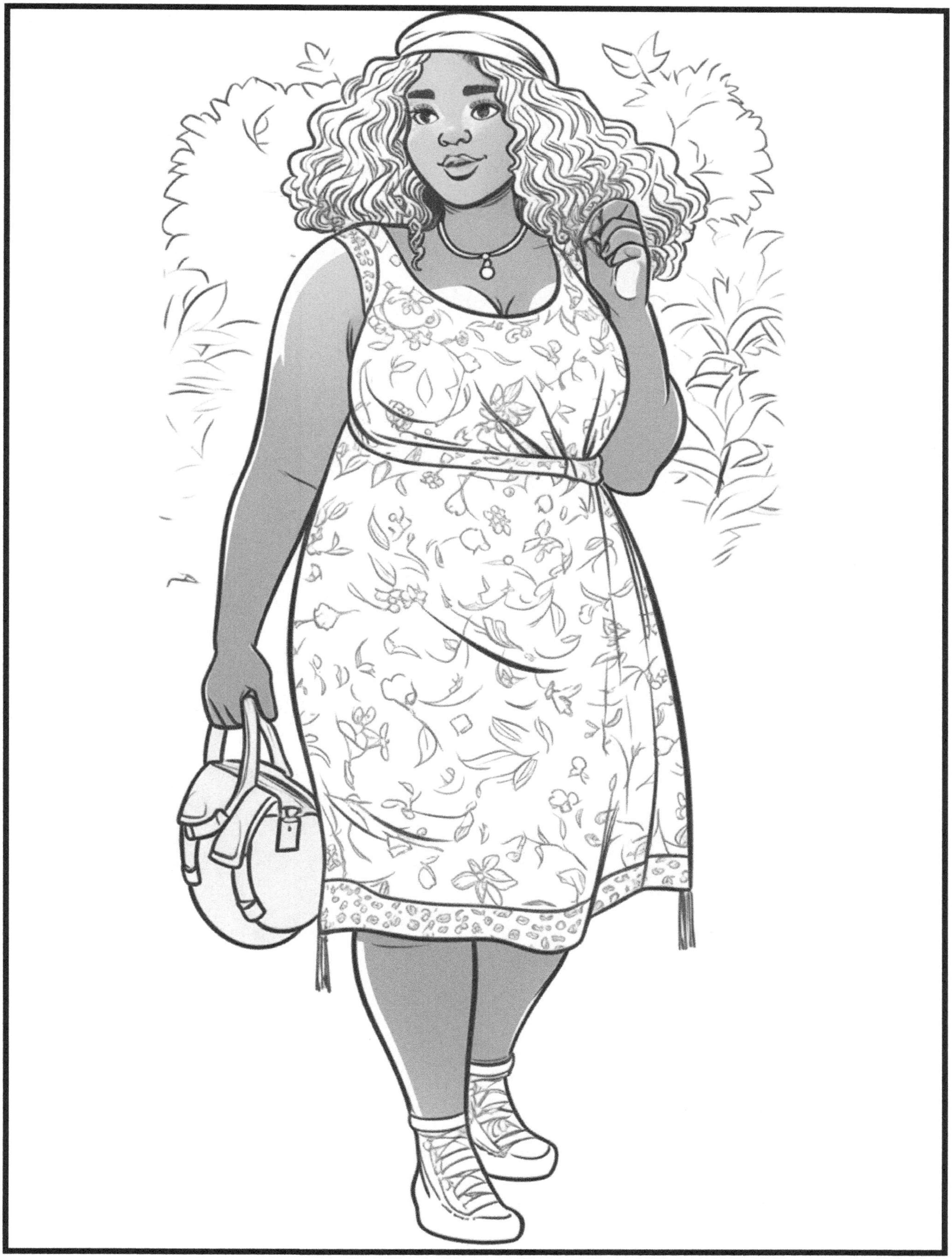

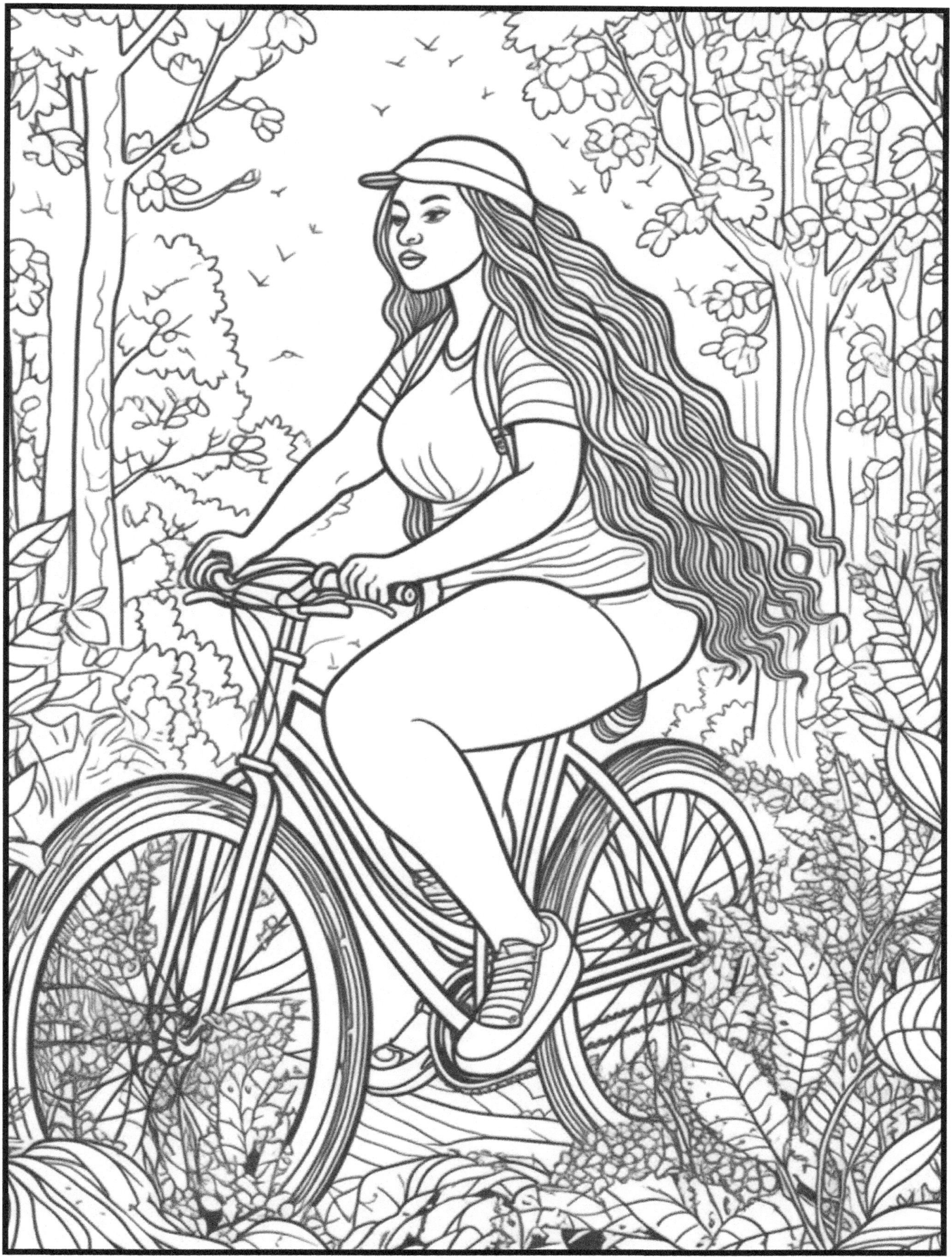

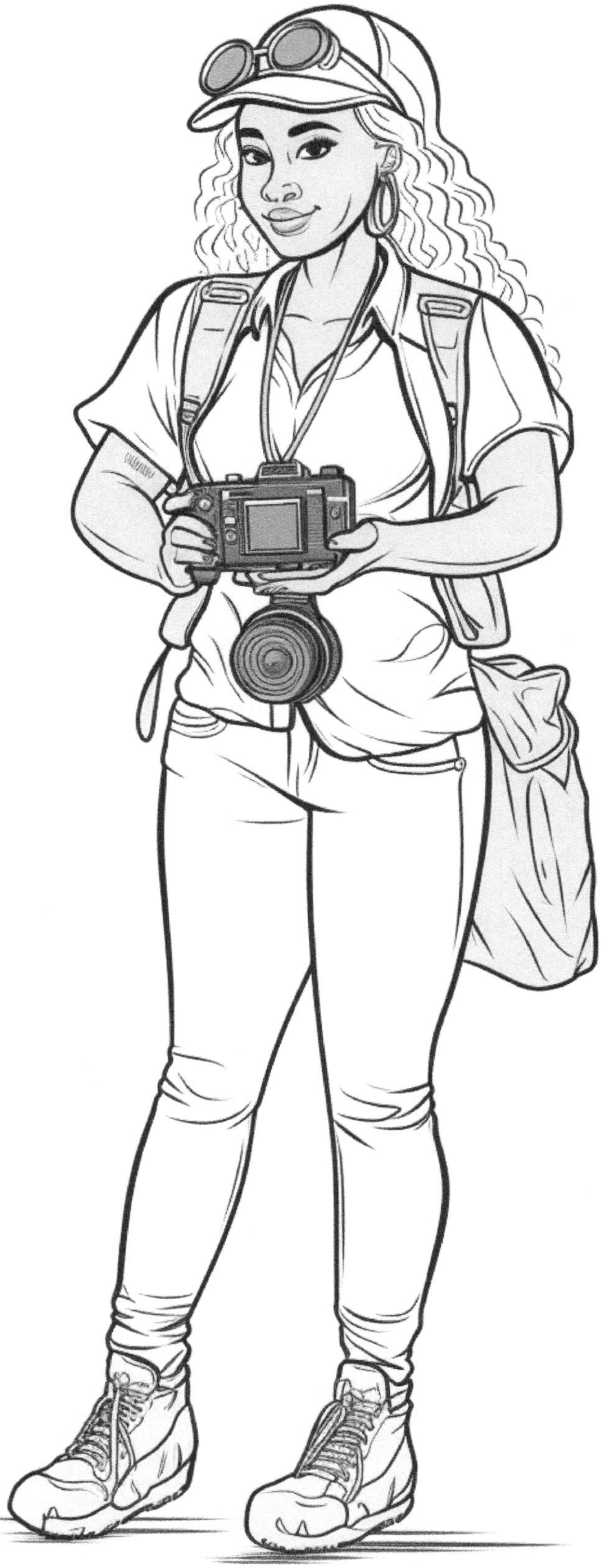

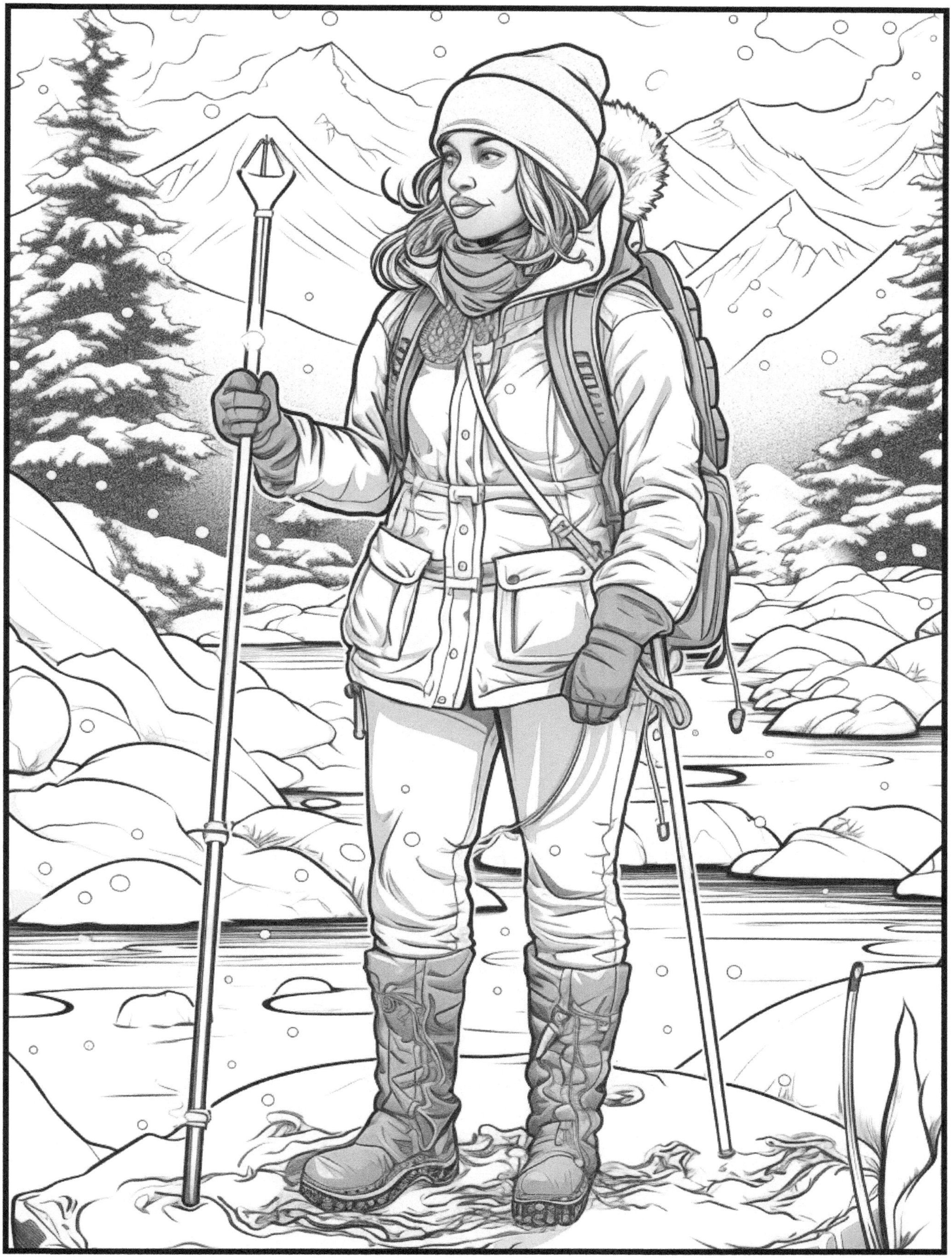

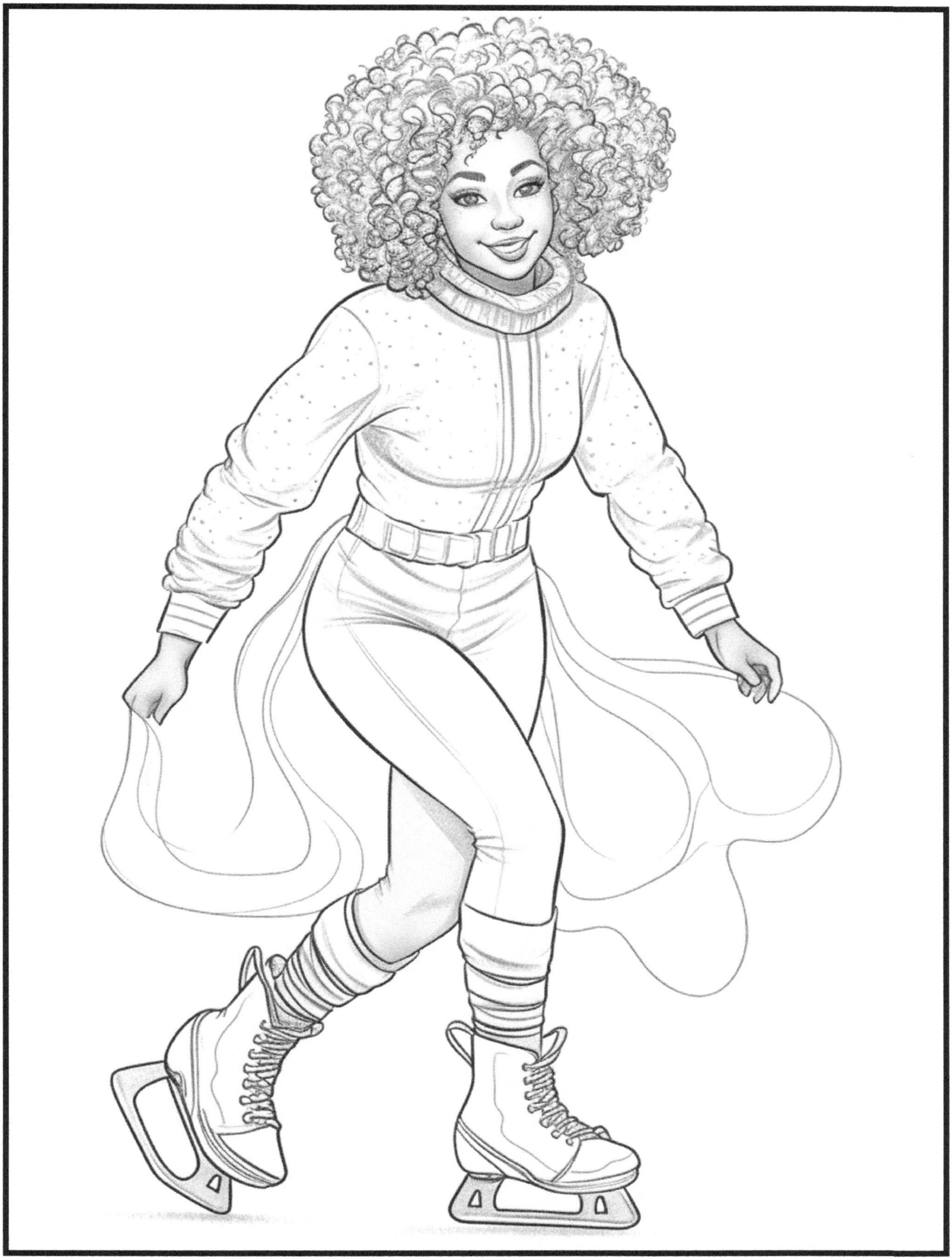

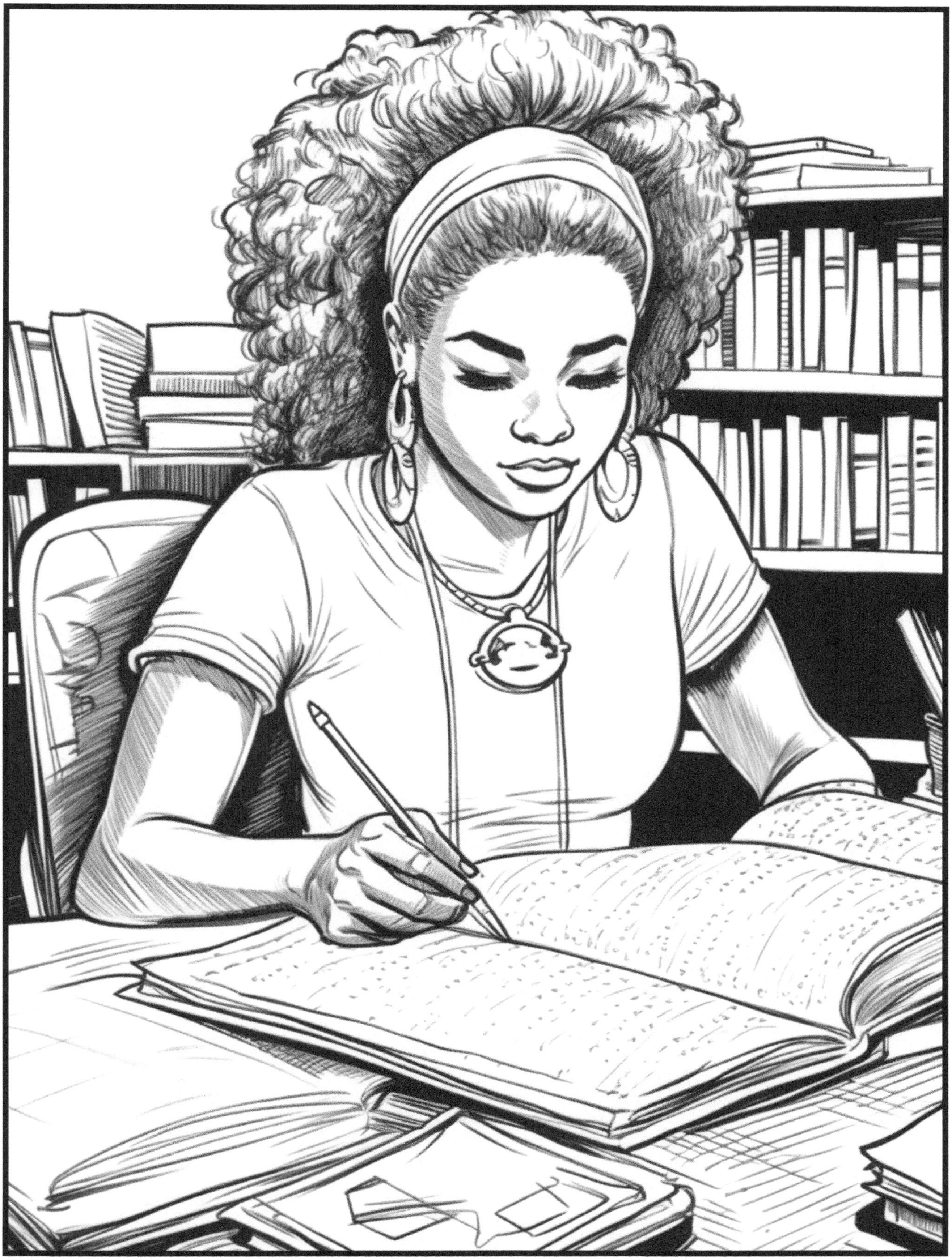

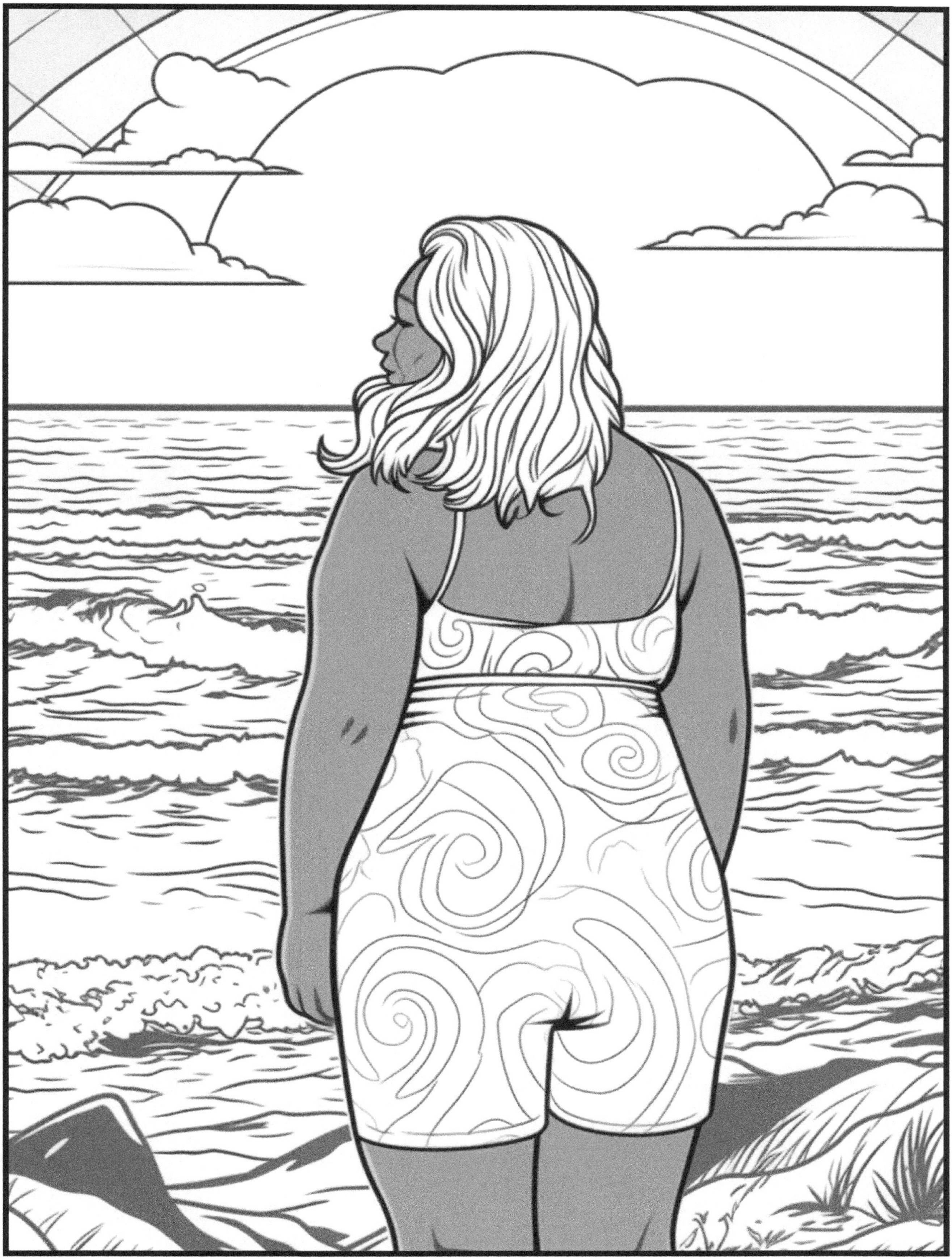

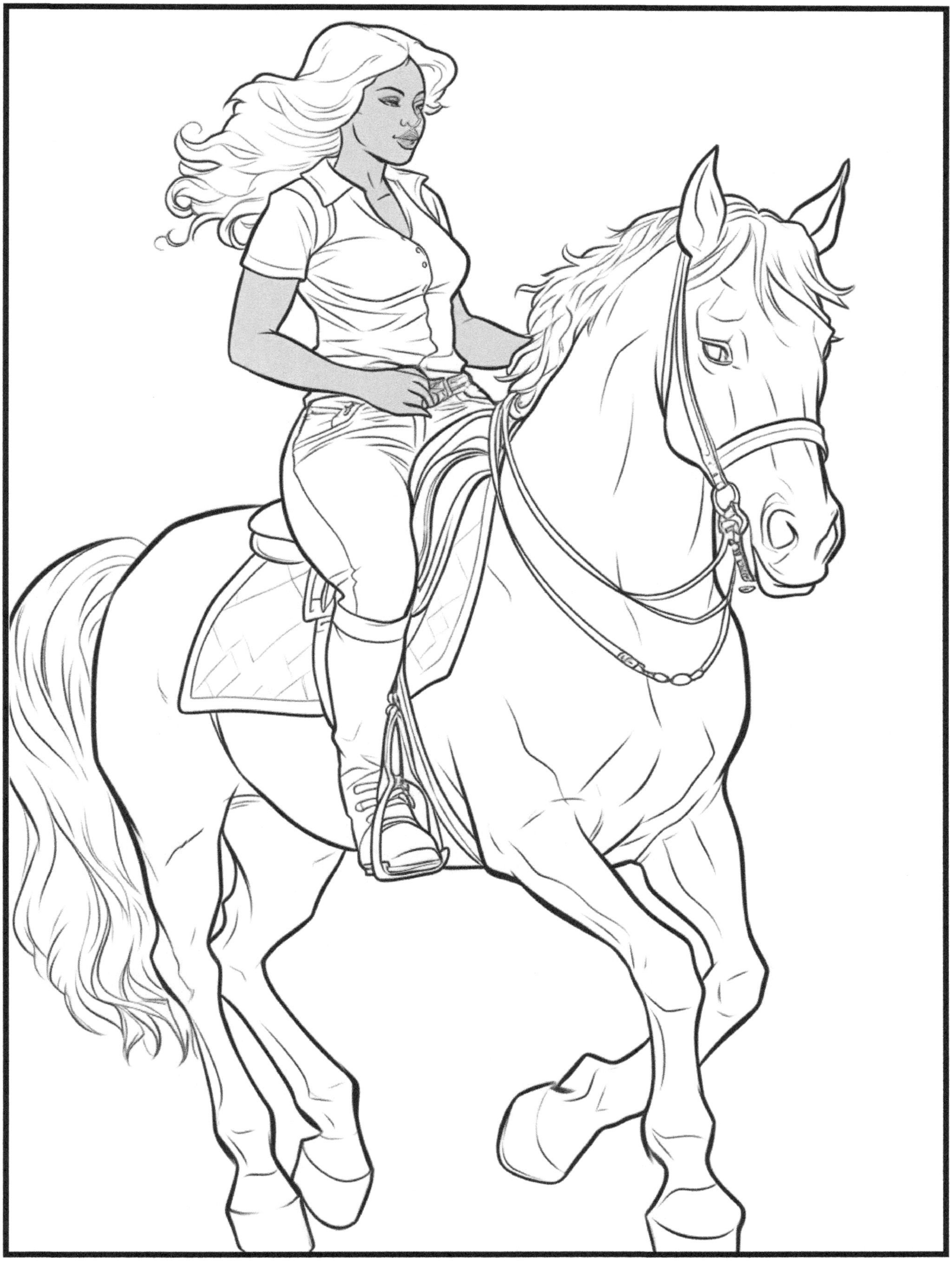

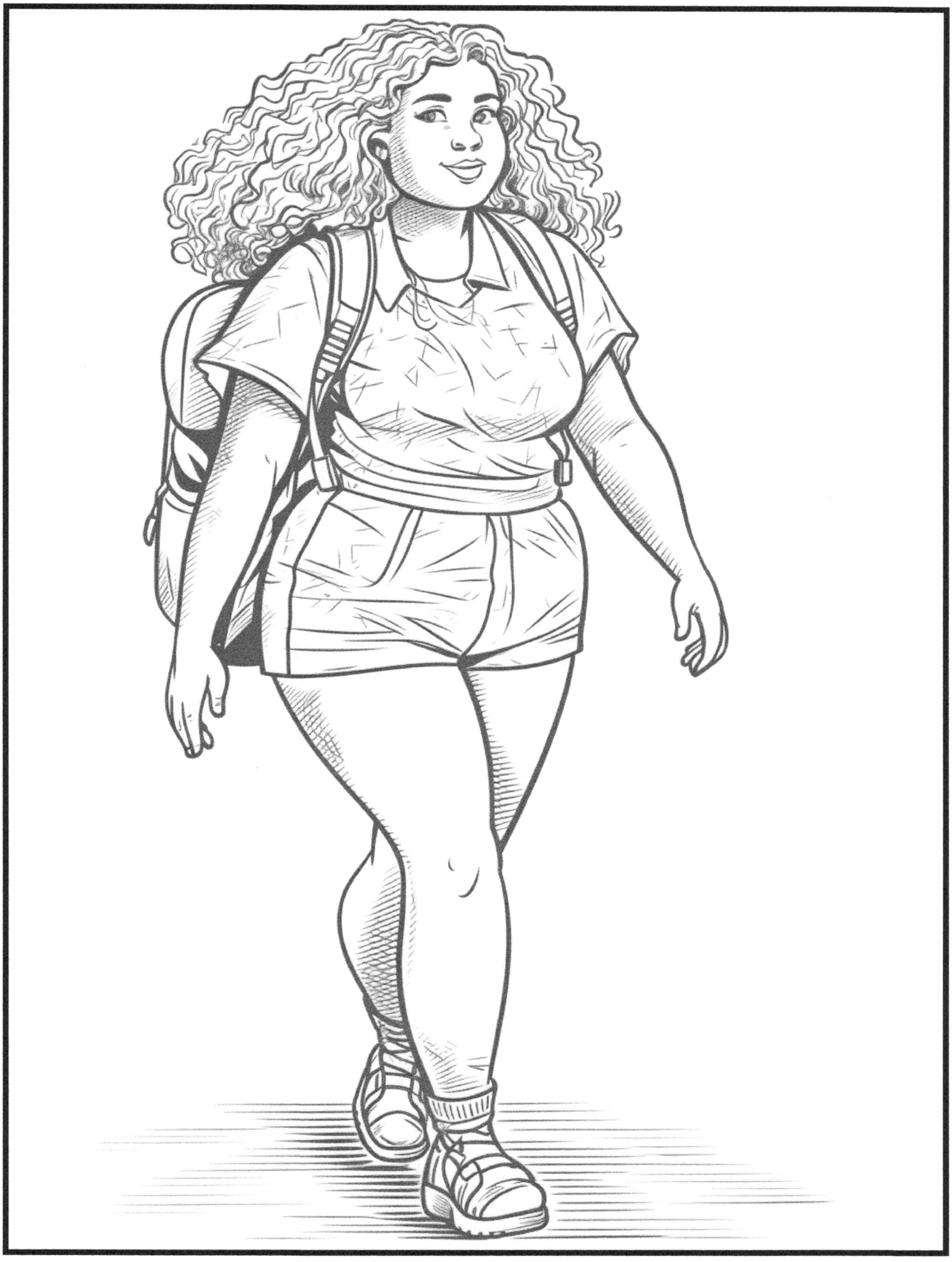